TRILBY

Sophia Tsialiki

Balboa Press books may be ordered through booksellers or by contacting:

Balboa Press
A Division of Hay House
1663 Liberty Drive
Bloomington, IN 47403
www.balboapress.com
1 (877) 407-4847

ISBN: 978-1-5043-9167-2 (sc)
ISBN: 978-1-5043-9168-9 (e)

Print information available on the last page.

Balboa Press rev. date: 12/28/2017

BALBOA.
PRESS
A DIVISION OF HAY HOUSE

CONTENTS

PAINKILLER PRESCRIPTION

Awe I spread over the arms wielded in desolated battles
at forlorn passes of quadriplegic love affairs
balancing bedfast halfway between life and death
on remembrance sickbeds sustained on oblivion pills.
Let me tell you: only love can heal a love that's gone wrong.

ΣΥΝΤΑΓΟΓΡΑΦΗΣΗ ΕΠΙ ΠΟΝΟΥ

Τα σκιάζω εγώ τ' άρματα των μοναχικών
μαχών, σε απομονωμένες στενωπούς ερώτων
τετραπληγικών, που κατάκοιτοι νεκροβιώνουν
σε κρεβάτια μνήμης με χάπια λήθης.
Και λέω: ο έρωτας με έρωτα περνά.

BARE OWNERSHIP

Other peoples' dreams I have forgotten
on a day like this
I took in unexpectedly
that only the proprietor
may feel comfortable in a dream.
It is custom made
to perfect fitness
while it is tailored- generations afore
exclusively for that very customer by private couturiers
under strict guidelines.
On a day like this I took in for the first time
how it is like not to fit
either in the private dream of any landlord
or in the communal not even entitled the right
of adverse possession, namely through sacrifice
of light years of life.
Thus superfluous I salvaged
my primordial patterns
and set on feeling my way afield extrinsic machinations
stitching and tacking.

ΨΙΛΗ ΚΥΡΙΟΤΗΤΑ

Όνειρα άλλων- ανθρώπων- λησμόνησα
πρώτη φορά σαν σήμερα
όταν ξάφνου κατανόησα
πως χωρά στο όνειρό του
μόνον ο ιδιοκτήτης.
Το όνειρο κόβεται και ράβεται
στα μέτρα του
ενώ σχεδιάζεται- γενιές- πριν
μόνο γι' αυτόν από ιδιωτικούς μόδιστρους
με αυστηρά μέτρα.
Πρώτη φορά σαν σήμερα εννόησα
πως είναι να μην χωράς
στην ιδιοκτησία ονείρου κανενός ιδιοκτήτη
ούτε στα κοινόχρηστα ούτε με δικαίωμα έστω
χρησικτησίας, ήτοι
μετά θυσίας ετών φωτός ζωής.
Περισσευούμενη, λοιπόν, περισυνέλεξα
τα αρχέγονα πατρόν μου
και άρχισα να βαδίζω εκτός ξένων σχεδιασμών,
ραφών και τρυπωμάτων.

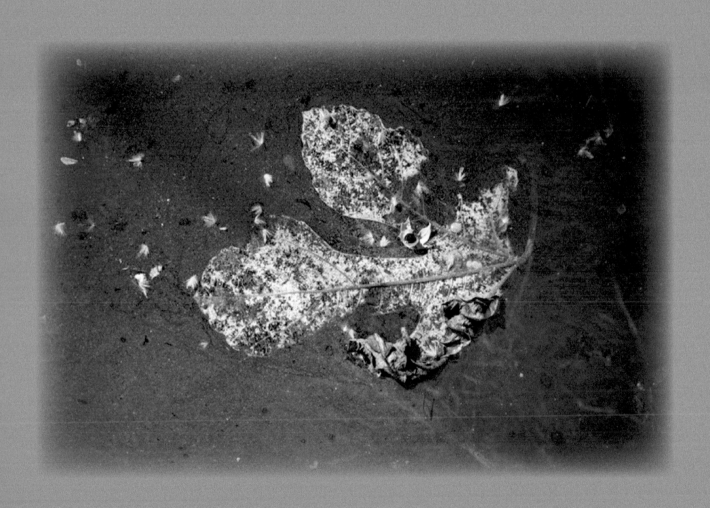

BITTER EMBRACE

I loved you
just for this reason I'm writing to you
just for what is testified in afore, in present,
in morrow.
I crossed through the door flaps
    of your eyes and entered
in the abysmal darkness of your
    timeless soul to drown myself
And up to that moment, the longing for death
    down at a sunless bottom did not exist
I found it right there, in you
I sucked dry the marrow of your
    possessions and being
And when it was through I longed for
    more (incurably) voracious.
My sinful indulgence was
    tortuous and incapable
of coming to an end, till it drove
    you down, to the ground
watching you crawling spiritless
    and disarmed, lying there
and existing hardly existing.
It was just me living out through you,
because of you and for you.
That love was a bleeding wound
a delirious source of spite that
gives birth and scorches altogether the
    most ravishing colors of a soul

and brings forth through its fateful bonfire
the sublime ugliness
of a tossed about existence
of a trivialized prudency
of egoism at its apex
(all these) because I want you so
    desperately just for me.
Nourishing my awkward ego
and keeping it inalterable
feeding it, watering it and having it
grow like the mushroom cloud
over Hiroshima.
This burning down to ashes ego
    I procreate
through the love
of my desperate being for you
For you I grow humongous casting
    shadow over the land,
for you I roar, for you I revel, for you I long
and deluge the planet in lamentation
and wailing: if you don't turn your
    head to see me (in the eye)
the (entire) universe I set ablaze
the pillars I tear down of this present world
and myself I perish in its ruins
after certain I have made
that your soul I took along with me here,
in this bitter embrace.

ΠΙΚΡΗ ΑΓΚΑΛΙΑ

Σ' αγάπησα
μόνο γι' αυτό σου γράφω
μόνο γι' αυτό που βεβαιώνεται
    στο πριν, στο τώρα,
στο αύριο.
Πέρασα των ματιών σου τα
    πορτόφυλλα και μπήκα
στο έρεβος το απύθμενο της άωρης
    ψυχής σου να πνιγώ
κι ως τότε, ο πόθος του θανάτου μέσα σ' έναν
ανήλεο βυθό δεν υπήρχε,
τον βρήκα εδώ, σ' εσένα.
Ρούφηξα όλο το μεδούλι απ' το
    έχειν κι απ' το είναι σου
κι όταν το τελείωσα ήθελα κι
    άλλο με απληστία .
Η ασυδοσία μου βασανιστική κι ανήμπορη
να σταματήσει ώσπου να σ' έβλεπε στο χώμα
άψυχος κι άοπλος να σέρνεσαι, να κείτεσαι
και να υπάρχεις χωρίς να υπάρχεις.
Να υπάρχω μόνο εγώ μέσα από εσένα,
εξαιτίας σου και για σένα.
Ήταν πληγή ο έρωτας αυτός,
το παραλήρημα του δημιουργού φθόνου που
παράγει και καίει μαζί την ίδια
    στιγμή της ψυχής
τα πιο όμορφα χρώματα

βγάζοντας μέσα απ' τη θανάσιμη πυρκαγιά της
την υπέροχη ασχήμια
του παραδαρμού της ύπαρξης
του ευτελισμού της σεμνοπρέπειας
του απαυγάσματος του εγωισμού
γιατί σε θέλω απελπιστικά μόνο για μένα.
Να θρέφεις το εγώ μου το αλλόκοτο
Και αναλλοίωτο να το κρατάς,
να το ταΐζεις, να το ποτίζεις κι αυτό
να θεριεύει σαν το μανιτάρι
πάνω απ' τη Χιροσίμα.
Αυτό το εγώ που κατακαίει αναπαράγω
μεσ' απ' τον έρωτα
του απελπιστικού μου είναι
για σένα
για σένα γιγαντώνομαι και σκιάζω τη γη
για σένα βρυχώμαι, για σένα
    οργιάζω, για σένα αδημονώ
και κατακλύζω τον πλανήτη με θρήνο
κι οδυρμό: Αν δεν κοιτάξεις πίσω να με δεις,
το σύμπαν κατακαίω
γκρεμίζω τις κολόνες του υπάρχοντος κόσμου
και χάνομαι κι εγώ στα συντρίμμια του
αφού πρώτα βεβαιωθώ
πως πήρα την ψυχή σου μαζί μου εδώ
σ' αυτή την πικρή αγκαλιά.

LIFELONG DELUSION

Hope turned out again, double- faced
and shining an allusive smile
while paying its respects to the icon of my future
Shamelessly providing all the answers
in an alternating tone of voice
on each visitation
readily making excuses
for all things unaccomplished though firmly guaranteed
on previous occasion
ever pledging newfound offerings.

ΙΣΟΒΙΑ ΠΛΑΝΗ

Ήρθε η ελπίδα πάλι, διπρόσωπη
και χαμογέλασε με νόημα, προσκυνώντας
την αγιογραφία του μέλλοντός μου
Ξεδιάντροπα τις απαντήσεις όλες δίνει
αλλάζοντας τόνο φωνής
σε κάθε επίσκεψη
και προσπαθεί να δικαιολογήσει
όσα δεν έγιναν απ' όσα εγγυήθηκε
την προηγούμενη φορά,
καινούρια τάματα προσφέροντας.

REDEMPTION DIRECTIVE

Hurt I was, still I did not yield
my self- composure I maintained
offence I attempted to commit
by confessing.
But a step back I took. My reason I ceded.
The whole plan I perceived taking it in.
And kept breathing without making a sound.
Through the redemptory acceptance of facts
-both of those alive and departed-
the wound was rendered surreptitious
and myself imperishable.

ΝΤΙΡΕΚΤΙΒΑ ΛΥΤΡΩΣΗΣ

Πληγώθηκα, μα δε μαρτύρησα
την ψυχραιμία μου διατήρησα
να εγκληματήσω επιχείρησα,
ομολογώντας.
Μα υποχώρησα. Το λόγο παραχώρησα.
Το πλάνο όλο παρατήρησα κατανοώντας.
Κι ανασαίνοντας,
μη θορυβώντας.
Λυτρωτική η αποδοχή των γεγονότων
-ζώντων και τεθνεώτων-
κατέστησε το τραύμα αόρατο
κι εμένα άφθαρτη.

SOLE AND SANE

My time is coming up again
my land, this land of the heart
rises up in rebellion
in disruption of bitterness
in rupture of bunglesome roadblocks of patience
and the folk of dwelling
the chronic emotions of sensitivity, imagination, dreaming
and creativity
storms the streets bearing signs
placards and banners
proclaiming
"All for freedom from sorrow"
"Down with guilt"
"Away with remorse"
"Done with the demise of love"
"Up for the youthfulness of our souls"
The awareness of your being the sole sane person is rebellious in itself
and the act of rising up against it all is sole sane reasoning.

ΜΟΝΗ ΚΑΙ ΛΟΓΙΚΗ

Η ώρα μου ξανά ξυπνάει
η χώρα μου, αυτή η χώρα της καρδιάς
ξεσπά σε επανάσταση
διάσπαση της πίκρας
θραύση των κακότεχνων οδοφραγμάτων της υπομονής
κι ο λαός των κατοίκων της
αισθημάτων χρόνιων
- της ευαισθησίας, της φαντασίας, του ονείρου
και της δημιουργίας -
ορμά αχαλίνωτος στους δρόμους με πανό
πλακάτ, σημαίες
που γράφουν
«Ζήτω η ελευθερία από τη θλίψη»
«Κάτω η ενοχή»
«Πέρα η τύψη»
«Πίσω ο θάνατος «του έρωτα»»
«Πάνω η νεότητα της ψυχής»
Η γνώση του να είσαι εσύ η μόνη λογική είναι
επαναστατική
και η πράξη της επανάστασης εναντίον της η μόνη
λογική.

ATTENTION TO DETAIL

My dreams you entered yesterday
a fine amicable participation
in some other home, some other bright place
there where the emptiness of
our inner human self extinguishes.
And I no longer recollected of times semi- fainted in memory,
that still the mind adores suckling on, as if their marrow
nurses some mystic aphorism
that magically will transform it all
(into what? Can't it even tell?)
The mind The sleeping mind of hallucinations,
of concepts- few actually instrumental
while the drossy ones just filling the gaps
like the air is filling the balloons
so fragile in the heat and sun.
So, yesterday I embraced you tightly,
though you
perceived it as gently. It's odd to what degree sensation
may vary for two bodies united into one environment
with the same intention
same need
same present. I wonder.

ΣΗΜΑΣΙΑ ΣΤΗ ΛΕΠΤΟΜΕΡΕΙΑ

Ήρθες στον ύπνο μου εψές
με φιλική κι ωραία συμμετοχή
σ' ένα άλλο σπίτι, άλλο μέρος, φωτεινό
εκεί που σβήνει το κενό
του μέσα ανθρώπου μας.
Και δε θυμόμουν πια εποχές μισοσβησμένες
που όμως θέλει να τις
πιπιλάει ο νους μήπως και μεσ' απ' το μεδούλι τους
βυζάξει κάποιο μυστικό απόφθεγμα
που ξάφνου όλα θα τα' αλλάξει μαγικά
(για να τα κάνει πως; Δεν ξέρει ούτε αυτός;),
ο νους του ύπνου ο νους, των παραισθήσεων,
των σκέψεων- που μόνο λίγες τον χρειάζονται
κι οι άλλες άχρηστες γεμίζουν τα κενά
όπως ο αέρας τα μπαλόνια,
τόσο εύθραυστές στον ήλιο και στη ζέστη.
Εψές, λοιπόν, σ' αγκάλιασα σφιχτά μα εσένα
απαλά σου φάνηκε. Πώς η αίσθηση είναι
αλλιώτικη για δύο σώματα στο ίδιο περιβάλλον
με την ίδια πρόθεση
την ίδια ανάγκη
το ίδιο παρόν. Αναρωτιέμαι.

THE WINGED VICTORY OF SAMOTHRACE

When the night arrived reflective
of all that had come to pass during the daytime,
hardly anything would bring up so much self- containment
in her smile
other than the subtle sunbeam of a new day awakening
unfettered from the shadow of the vanquished disease.

Η ΝΙΚΗ ΤΗΣ ΣΑΜΟΘΡΑΚΗΣ

Όταν έφτασε η νύχτα σκεπτική
απ' όσα είχαν μεσολαβήσει στη διάρκεια της μέρας
τίποτα δεν μπορούσε να δώσει τόση αυτάρκεια
στο χαμόγελό της
όσο η υποψία της ηλιαχτίδας του πρωινού ξυπνήματος
χωρίς τη σκιά της ηττημένης νόσου.

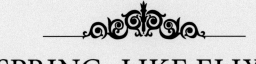

SPRING- LIKE ELIXIR

Professes corpses salvation
through life- sustaining orthopedic mattresses purchase
curing resilient defects
of life stances
dreamland scoliosis
marital kyphosis
parturitions' lordosis-wilfully and mandatory imposed
spouse-of-burden assorted cervicals
divorces sciatics
widowhood herniated discs
cramps and bronhospasms
of demanding careers
bankruptcy neuroses
injustice insomnia
Boasting cure for all of these
Bringing balance to all these
through stratum technique
deletion of erroneously taken courses
so that the stressed spinal cord
is to be aligned
back to the dreamland
with manufacturing certification
and dealer payment facilitation
by means of invoice or receipt
(or even without)

ΕΛΙΞΙΡΙΟ ΟΠΩΣ ΕΛΑΤΗΡΙΟ

Σώζει τα πτώματα
πουλώντας στρώματα ζωής ορθοπεδικά
γιατρεύοντας ελαττώματα
στάση ζωής ανθεκτικά
σκολιώσεις ονείρων
κυφώσεις γάμων
λορδώσεις τοκετών, ηθελημένων και υποχρεωτικών
αυχενικά λογής λογής υποζυγίων
ισχιακά διαζυγίων
δισκοκήλες χηρειών
κράμπες και βρογχοσπασμούς απαιτητικών
καριέρων
νευρώσεις πτωχεύσεων
αϋπνίες αδικιών
όλα καυχιέται πως τα γιατρεύει
όλα τα ζυγοσταθμίζει
με τη διά στρώματος τεχνική απαλοιφής σφαλμάτων
πορείας
ώστε η καταπονημένη στήλη να ευθυγραμμίζεται
πίσω στο όνειρο
με πιστοποίηση κατασκευαστή
και ευκολίες πληρωμής εμπόρου
με τιμολόγιο ή απόδειξη
(ή και χωρίς)

AUGUST

August mornings, suns rising
scattering gentle breezes breaths
Poplar leaves rippling in school yards
where knowledge rambles indolently
lonesome till September.
In stoic patience for times to come
years to turn ripe
minds to waken
consciousness to genuflect
resonances to be demarcated
inner lamentation to wane
systematic deviations to converge
parental demands to be settled down
and infantile wounds to be healed.
August mornings,
September days
of summers past pleasant remembrance
and of frosty winters in store
oh, indeed, at the time of libation
in honor of our offspring's advancement
gather around
squat down, in the middle of this yard
and with the irrepressible flux
of high – schoolers' clattery during class breaks
of plangent and trolling tinges
of high – pitched swarming youth, confer.
Remodel from scratch
the rules governing these dreams
and the connivance of the lords' masculine
financial markets abolish
so that through this holy school-yard rite of passage
to stipulate the identity of these students
for all mood and modal
substitutions
in plural number.

ΑΥΓΟΥΣΤΟΣ

Αυγούστου πρωινά, ήλιοι ανατέλλουν.
Δροσιά σκορπίζουν μελτεμιών ανάσες
Θροΐζουν φύλλα λεύκας σε σχολείων προαύλια
που η γνώση περιφέρεται
νωχελικά μοναχική ως το Σεπτέμβρη.
Καρτερική η αναμονή για πληρώματα στιγμών
χρόνων ωρίμανση
μυαλών αφυπνίσεις
συνειδήσεων υποταγές
συντονισμών οριοθετήσεις
ψυχικών οδυρμών παύσεις
συστηματικών αποκλίσεων, σύγκλιση, γονικών απαιτήσεων,
εξομάλυνση
και βρεφικών τραυμάτων θεραπεία.
Αυγούστου πρωινά,
Σεπτέμβρη μέρες
καλοκαιριών παλιών ωραίες μνήμες
και λοιπών χειμώνων παγετοί
ω, ναι, στην ώρα της σπονδής
υπέρ προόδου τέκνων ημών
περισυλλεχτείτε
καθίστε ανακούρκουδα στου προαυλίου αυτού τη μέση
και με την ακατάσχετη ροή της, μαθητολαλιάς των διαλειμμάτων
της βουερής και τραγουδιστικής
χροιάς των υψιφώνων μαθητομελισσίων
συσκεφτείτε.
Ανακατασκευάστε εξ' αρχής
τους κανόνες των ονείρων αυτών
και τη συμπαιγνία των αρχόντων αντρών
χρηματιστηριακών αγορών
καταλύστε
ώστε μετά τούτου του ιερού μυστηρίου των σχολικών αυλών
να προδιαγραφεί η ταυτότητα ονείρων
των μαθητών αυτών σε όλες τις χρονικές
κι εγκλιτικές αντικαταστάσεις
πληθυντικού αριθμού

ABOUT THE AUTHOR

Sophia Tsialiki is a Greek writer. This is her first book in English. She writes in Greek and English language. She is a dentist specializing in Periodontology.

Printed in the United States
By Bookmasters